pepe's kitchen

84 Recipes

pepe39

Welcome to pepe's kitchen

食べる人が、楽しくなる食卓を作りたい。

これは、私が毎日の料理で心掛けていることです。毎日、自分が食べるために作るごはんもあれば、友人を招いて料理をふるまうこともあります。

おいしく作れたらうれしくなるし、見た目が華やかであれば気分も楽しくなります。そんな私が今まで作ってきた「楽しくなる」料理を、本書でできる限りご紹介します。

あなたの食べたいものを作って、
今日も楽しい食卓の始まりです。

CONTENTS

002　Welcome to pepe's kitchen

PART1
すぐマネしたい
野菜のおかず

- 008　かぼちゃのスープ
- 010　ベーコンとパプリカのキッシュ
- 012　グレープフルーツと
　　　　ほうれん草のサラダ
- 014　紫いものポタージュ
- 016　春菊のスパニッシュオムレツ
- 018　にんじんのリボンサラダ
- 019　豆とディルとチーズのサラダ
- 020　トマトのカルパッチョ
- 021　グリーンピースのスープ
- 022　なすのカシュークリームのせ
- 023　ロマネスコとカリフラワーの
　　　　ホットサラダ
- 024　野菜のピクルス
- 025　フレッシュマッシュルームのサラダ
- 026　トマトとレンズ豆のスープ
- 027　アスパラガスのバジルソース
- 028　トマトと桃のガスパチョ
- 029　アボカドのフムス

030　[COLUMN] 食卓を彩る食器たち

PART2
がっつり食べたい
肉のおかず

- 032　鶏肉のオレンジシナモン煮込み
- 034　黒ビール煮込みミートボール
- 036　かぶのミートパイ
- 038　とろとろチキン煮込み
- 040　ソーセージのレンズ豆添え
- 042　揚げないヘルシー油淋鶏
- 044　スコッチエッグのチャツネ添え
- 046　お手軽グーラッシュ
- 048　具だくさんビーフストロガノフ
- 050　スカンジナビアン・ミートボール
- 052　定番ローストビーフ
- 053　豚ヒレ肉の牛乳煮
- 054　柔らかゆで鶏
- 055　スペアリブのりんご煮込み
- 056　ミラノ風カツレツ
- 057　大葉と牛肉の餃子
- 058　豚肉のエスニック串焼き

レシピを作る前に

- 材料の表記は1カップ=200ml（200cc）、大さじ1=15ml（15cc）、小さじ1=5ml（5cc）です。
- 電子レンジは600Wを使用しています。
- レシピには目安となる分量や調理時間を表記していますが、様子をみながら加減してください。
- 飾りで使用した材料は明記していないものがあります。お好みで追加してください。
- 野菜類は、特に指定のない場合は、洗う、皮をむくなどの下準備を済ませてからの手順を記載しています。
- 火加減は、特に指定のない場合は、中火で調理しています。

PART3
頑張った日の満足ごはん

- 060　温泉卵のカルボナーラ
- 062　エスニックピラフと牛肉のケバブ
- 064　インゲン豆とじゃがいものジェノベーゼパスタ
- 066　かぼちゃとえびのニョッキ
- 068　濃厚キーマカレー
- 070　たこミンチのパスタ
- 072　冷たいエスニック麺
- 074　本格欧風カレー
- 076　ブロッコリーのオイルパスタ
- 078　トマトと桃の冷製カッペリーニ
- 080　えびとムール貝のパエリア
- 082　トマトとマスカルポーネのパスタ
- 084　きのこのリゾット
- 086　ジャンバラヤと竜田揚げ
- 088　アスパラガスとほうれん草のリゾット
- 090　イカスミパスタのペペロンチーノ
- 092　しらすパスタ
- 093　いかとあさりのペスカトーレ
- 094　えびチャーハン
- 095　パルメザンチーズの濃厚リゾット
- 096　エスニック焼きうどん
- 097　はちみつレモンパスタ
- 098　ビーフステーキ・ピタパンサンド
- 099　パルメザンチーズとくるみのパスタ
- 100　[COLUMN] 欠かせないキッチンアイテム

PART4
ぱぱっと出したい
ちょい飲みのおとも

- 102　フィッシュアンドチップス
- 104　もてなし上手なアクアパッツァ
- 106　テリーヌ・ド・カンパーニュ
- 108　2つの味のチキンサテ
- 110　いかのイカスミ煮と
   ズッキーニの甘酢漬け
- 112　オイルサーディンと
   オレンジのパン粉焼き
- 113　絶品フリット
- 114　あさりと白インゲン豆の
   サフラン煮込み
- 115　小さなトマト鍋
- 116　イワシのオリーブがけ
- 117　柚子こしょうアボカドクラッカー
- 118　えびのグリル

PART5
休日の
ぜいたく朝ごはん

- 120　紫キャベツのわんぱくサンド
- 122　えびのエッグベネディクト
- 124　タワーサンドイッチ
- 126　ダッチベイビーの
   カシュークリーム添え
- 128　リコッタチーズと
   アプリコットジャムのガレット
- 130　クミンハニーポークの
   クラブサンドイッチ
- 132　やさしいホットヨーグルト
- 134　バニラのフレンチトースト
- 135　ヨーグルトブルーベリーパンケーキ
- 136　オイルサーディンのオープンサンド
- 137　サクッと軽いワッフル
- 138　スモークサーモンと
   クリームチーズのオープンサンド
- 139　手作りグラノーラ
- 140　アボカドオープンサンド

- 141　[COLUMN] 使い続けたい食材

- 142　Epilogue

PART1
すぐマネしたい野菜のおかず

サラダやスープに、炒めもの。
野菜の鮮やかな色をいかした、目にも楽しい料理です。

PUMPKIN SOUP

かぼちゃのスープ

材料 (2人分)

かぼちゃ … 1/2個
玉ねぎ … 1/2個
じゃがいも … 1個
牛乳、スープストック … 各2カップ
塩、こしょう … 各少々
バター … 大さじ1

作り方

1　フライパンにバターを熱し、みじん切りにした玉ねぎを炒める。

2　皮をむいたかぼちゃとじゃがいもを一口大に切る。かぼちゃを電子レンジで1分30秒加熱し、フードプロセッサーにかけ、**1**の半量とスープストック1カップ分を加える。牛乳1カップ分を加えながら滑らかにし、塩、こしょうで味を調える。

3　じゃがいもを電子レンジで1分加熱し、少し固めのうちにフードプロセッサーにかけ、残りの**1**、スープストックを加える。牛乳を加えながら滑らかにしクリーム状にする。塩、こしょうで味を調える。

4　深めの皿に**2**を入れ、中心に**3**を静かにそそぐ。

POINT
爪楊枝や串を使ってマーブル状に模様を作れば、見た目も華やかに。

BACON AND PAPRIKA QUICHE

ベーコンとパプリカのキッシュ

材料 (2人分)

ベーコン(塊) … 1個
パプリカ(赤) … 1/2個
玉ねぎ … 1/2個
にんにく(すりおろし) … 1片分
パイシート(市販) … 1枚
卵 … 2個
牛乳 … 2カップ
塩、こしょう、ピザ用チーズ … 各適量
オリーブオイル … 少々

作り方

1. ベーコン、パプリカを1cm角に切る。玉ねぎはみじん切りにする。
2. フライパンにオリーブオイルを熱し、にんにく、玉ねぎを炒める。玉ねぎに火が通ったらベーコンを加え、焼き色がつくまで炒める。塩、こしょうで味を調える。
3. パイ皿にパイシートを敷き、2を入れ、溶いた卵に牛乳を加えてそそぐ。
4. ピザ用チーズを具材が見えなくなるまでのせ、最後にパプリカをのせる。
5. 180℃に予熱したオーブンで20分程焼く。

POINT
どんな野菜を入れてもおいしいキッシュ。パプリカがあれば、一気に鮮やかになります。

GRAPEFRUIT AND SPINACH SALAD

グレープフルーツと
ほうれん草のサラダ

材料 (2人分)

グレープフルーツ (ルビー) … 1個
サラダほうれん草 … 1束
ベーコン (塊) … 50g
マッシュルーム … 2個
にんにく (スライス) … 1片分
クルトン … 大さじ1
ブラックオリーブ (輪切り) … 1個分
塩、こしょう、レモン汁 … 各少々
オリーブオイル … 大さじ1

作り方

1 グレープフルーツを半分に切り、果肉をくり抜き、皮をカップ状にする。果肉は薄皮をはがし、1cm幅に切る。
2 ベーコンを1cm角に、マッシュルームを3mm幅の薄切りにする、ほうれん草は一口大に切る。
3 フライパンにオリーブオイルを熱し、にんにく、ベーコンを火が通るまで炒める。
4 ボウルにほうれん草、マッシュルーム、1の果肉、3を入れ、混ぜ合わせる。レモン汁、塩、こしょうで味を調える。
5 1の皮に4を盛り、クルトン、ブラックオリーブをのせる。

<u>POINT</u>
グレープフルーツを丸ごと使ったサラダ。見た目もみずみずしいです。

PURPLE POTATO POTAGE

紫いものポタージュ

材料（2人分）

紫いも … 1個
じゃがいも … 1個
玉ねぎ … 1/2個
スープストック … 2カップ
水、生クリーム … 各1カップ
塩、こしょう … 各少々
バター … 大さじ1

作り方

1. フライパンにバターを熱し、みじん切りにした玉ねぎを炒める。
2. 一口大に切った紫いもとじゃがいもを電子レンジで1分加熱する。
3. 紫いもをフードプロセッサーにかけ、1の半量、スープストック1カップ分を加える。分量の水を加えながら滑らかにし、塩、こしょうで味を調え、別容器に移す。
4. じゃがいもをフードプロセッサーに入れ、残りの1、スープストックを加える。生クリームを加えながら滑らかにし、塩、こしょうで味を調える。
5. 皿に3を入れ、中心に4をそそぐ。これを繰り返し盛りつける。

POINT
紫いもには生クリームでなく水を加えることで、鮮やかな紫色のスープになります。

SPANISH OMELET

春菊のスパニッシュオムレツ

材料 (2人分)

春菊 … 1束

玉ねぎ … 1個

ベーコン(塊) … 100g

にんにく(みじん切り) … 3/4片分

卵 … 5個

A
- サワークリーム … 大さじ4
- バジル … 5枚
- にんにく(すりおろし) … 1/4片分
- 玉ねぎ(すりおろし) … 少々

塩 … 少々

オリーブオイル … 大さじ1

作り方

1 玉ねぎ、ベーコンを1cm角に、春菊を3cm長さに切る。

2 小さめの鍋にオリーブオイルを熱し、にんにく、1を火が通るまで炒める。

3 2に溶き卵を加え、混ぜ合わせる。卵が固まってきたら火を止め、180℃に予熱したオーブンで20分焼く。

4 Aをフードプロセッサーにかけ、ペースト状にする。塩で味を調える。

5 3の粗熱が取れたら皿に盛り、4を添える。

POINT
冷蔵庫にあった春菊を使った一品。和の食材ですが、驚くほどスパニッシュオムレツに合う!

CARROT SALAD

にんじんのリボンサラダ

材料 (2人分)

にんじん … 1本
塩 … 少々

A
- マーマレード、ワインビネガー … 各大さじ1
- クミンパウダー、塩、こしょう … 各少々

オリーブオイル … 大さじ1

作り方

1. にんじんをピーラーでリボン状に切る。塩(分量外)をもみこみ、30分程おく。
2. 水けをきり、Aで味を調え、オリーブオイルを回しかける。

POINT
にんじんをリボン状にすることで、いつものにんじんラペと少し違った食感が楽しめます。

BEAN, DILL AND CHEESE SALAD

豆とディルとチーズのサラダ

材料 （2人分）

お好みの豆（インゲン豆、
　　グリーンピース、スナップエンドウなど）
　　… 適量
お好みのチーズ（カッテージチーズ、
　　パルミジャーノなど）… 適量
ディル（あれば）… 少々
塩、こしょう … 各少々
レモン汁 … 適量
オリーブオイル … 小さじ2

作り方

1　鍋に湯（分量外）を沸かし、豆を好みの固さにゆでる。

2　皿に水けをきった豆を盛り、チーズ、ディルをちらす。塩、こしょう、レモン汁で味を調え、オリーブオイルを回しかける。

POINT
シンプルなグレーや黒のお皿が、グリーンの豆を引き立ててくれます。

TOMATO CARPACCIO

トマトのカルパッチョ

材料（2人分）

お好みのトマト（グリーン、黄色、オレンジ、マイクロトマトなど）… 適量
カッテージチーズ … 適量
塩、レモン汁 … 各少々
オリーブオイル … 小さじ1

作り方

1. トマトを5mm幅の薄切りにする。カッテージチーズは小さめに砕く。
2. 皿にトマトを盛り、チーズをちらす。
3. オリーブオイルをかけ、塩、レモン汁で味を調える。

POINT
シンプルな料理なので、素材選びが味の決め手になります。塩は海塩がおすすめ。

GREEN PEA POTAGE

グリーンピースのスープ

材料 (2人分)

グリーンピース … 1＋1/4カップ
玉ねぎ … 1/2個
水 … 適量
スープストック … 4カップ
レモンの皮（あれば）… 少々
ミントの葉（あれば）… 少々
塩、こしょう … 各少々
バター … 大さじ3

作り方

1 フライパンにバターを熱し、みじん切りにした玉ねぎを炒める。

2 鍋に湯（分量外）を沸かし、グリーンピースをゆでる。ゆでたグリーンピースと1をフードプロセッサーにかけ、分量の水を加えながらクリーム状にする。スープストック、塩、こしょうで味を調え、冷蔵庫におく。

3 皿にそそぎ、レモンの皮を削り、ミントの葉を飾る。

POINT
生クリームを使わないことで軽い味わいになります。

EGGPLANT WITH CASHEW CREAM

なすのカシュークリームのせ

材料 (2人分)

なす … 1個
紫玉ねぎ … 1個
カシューナッツ(生) … 1カップ
グレープシードオイル … 適量
ワインビネガー … 大さじ3
はちみつ … 小さじ1
塩、こしょう … 各少々

作り方

1. カシューナッツを水(分量外)に一晩つけておく。
2. フードプロセッサーにカシューナッツ、ひたひたのグレープシードオイルをかける。はちみつ、塩、こしょう、ワインビネガーを加え、滑らかなクリーム状にする。
3. なす、紫玉ねぎを5mmの輪切りにする。皿に盛り、**2**をのせる。

POINT
カシュークリームはサンドイッチに塗ったり、サラダにのせても。

WARM ROMANESCO AND CAULIFLOWER SALAD

ロマネスコとカリフラワーのホットサラダ

材料（2人分）

- ロマネスコ（ブロッコリーでも可） … 1個
- カリフラワー … 1個
- にんにく（薄切り） … 2片分
- アンチョビフィレ（みじん切り） … 2枚
- 唐辛子 … 1個
- 塩 … 少々
- オリーブオイル … 大さじ1

作り方

1. 鍋に湯（分量外）を沸かし、塩を入れ、一口大に切ったロマネスコ、カリフラワーをゆでる。柔らかくなったらざるにあけ、水けをきる。
2. フライパンにオリーブオイルを熱し、にんにく、アンチョビ、唐辛子を入れ炒める。
3. にんにくがあめ色になったら1を加え、フライパンをふってあえるように炒める。

POINT
ロマネスコがない場合は、ブロッコリーで代用可能。コリコリした食感がおいしいです。

PICKLED VEGETABLES

野菜のピクルス

材料 (2人分)

パプリカ(赤、黄) … 各1個
ズッキーニ … 1本
なす … 1本
玉ねぎ … 1個
にんにく(すりおろし) … 1片分
ワインビネガー … 適量
はちみつ … 大さじ1
お好みのハーブ(ローズマリー、
　ローリエ、タイムなど) … 適量
塩 … 少々

作り方

1 パプリカ、ズッキーニ、なす、玉ねぎを1cm角に切る。

2 鍋に1、にんにくを入れ、焦げないように混ぜながら軽く炒める。

3 ひたひたのワインビネガーを入れ、はちみつ、ハーブを加えて軽く火を通す。塩で味を調える。

4 火を止めてふたをし、野菜が好みの固さになるまでおく。保存容器に移し、冷蔵庫で一晩おく。

FRESH MUSHROOM SALAD

フレッシュマッシュルームのサラダ

材料（2人分）

ブラウンマッシュルーム … 10個

トマト … 2個

にんにく（薄切り）… 1片分

アンチョビフィレ（みじん切り）… 2枚

唐辛子 … 1本

塩、レモン汁、イタリアンパセリ
　… 各少々

オリーブオイル … 大さじ3

作り方

1　マッシュルームを3mm幅の薄切りにする。トマトは1cm角に切る。

2　フライパンにオリーブオイルを熱し、にんにく、アンチョビ、唐辛子を炒める。にんにくがあめ色になるまで火を通す。

3　1を皿に盛り、2を回しかける。塩、レモン汁で味を調え、刻んだイタリアンパセリをちらす。

POINT
新鮮なマッシュルームは生で食べて、本来の香りを楽しみます。

TOMATO AND LENTIL SOUP

トマトとレンズ豆のスープ

材料（2人分）

にんにく … 1片
玉ねぎ … 1/2個
ベーコン … 2枚
トマト … 1個
レンズ豆（皮なし）… 1+1/4カップ
水 … 2カップ
塩、こしょう、イタリアンパセリ
　… 各少々
オリーブオイル … 大さじ1

作り方

1　にんにくを包丁の腹でつぶす。玉ねぎ、ベーコンはみじん切り、トマトは1cm角に切る。

2　鍋にオリーブオイルを熱し、にんにくを炒める。香りが立ったら玉ねぎ、ベーコンを加え、火を通す。

3　レンズ豆、分量の水を加え煮込む。柔らかくなったらトマトを入れて軽く煮込み、塩、こしょうで味を調える。

4　皿にそそぎ、イタリアンパセリをのせる。

ASPARAGUS WITH BASIL SAUCE

アスパラガスのバジルソース

材料(2人分)

アスパラガス … 12本

バジル … 1束

卵 … 2個

A ┌ パルミジャーノ … 大さじ2
  │ オリーブオイル … 1/2カップ
  └ にんにく(すりおろし) … 1片分

塩 … 適量

酢 … 少々

作り方

1 Aをフードプロセッサーにかけ、滑らかにする。バジルを少しだけ残して加え、塩、酢で味を調える。

2 鍋に湯(分量外)を沸かし、アスパラガスを柔らかくなるまでゆでる。

3 別の鍋に湯(分量外)を沸かし、卵を静かに割り入れる。全体が固まってきたら引き上げる。

4 皿に1を入れ、2、3をのせる。残りのバジルをみじん切りにし、ちらす。

TOMATO AND PEACH GAZPACHO

トマトと桃のガスパチョ

材料 (2人分)

トマト … 3個
桃 … 1個
玉ねぎ … 1/2個
A
- にんにく(すりおろし) … 2片分
- はちみつ … 小さじ1
- バルサミコ酢 … 大さじ1

レモン汁 … 適量
塩、こしょう … 各少々
オレガノ、クミンパウダー、チリペッパー … 各適量
キヌア(ゆでたもの・あれば) … 小さじ2

作り方

1 桃とトマトを皮のついたまま、220℃に予熱したオーブンで40分程焼く。

2 焼きあがったら皮をむき、フードプロセッサーにかけ、一口大に切った玉ねぎ、Aを加えて滑らかにする。レモン汁、塩、こしょうで味を調える。好みでオレガノ、クミンパウダー、チリペッパーを入れる。

3 冷蔵庫で冷やし、グラスにキヌアを入れてスープをそそぐ。

AVOCADO HUMMUS

アボカドのフムス

材料 (2人分)

A
- アボカド … 1個
- ひよこ豆 (ゆでたもの) … 250g
- にんにく … 1片
- ごまペースト … 大さじ1
- クミンパウダー、レモン汁 … 各少々

- ひよこ豆のゆで汁 … 適量
- トルティーヤ (市販) … 2枚
- 塩 … 少々
- オリーブオイル … 大さじ1

作り方

1 Aをフードプロセッサーにかけ、クリーム状にする。固ければひよこ豆のゆで汁を加え、滑らかにする。塩で味を調える。

2 1を皿に盛り、中心にオリーブイルを流し入れる。8等分にしたトルティーヤを周りに盛る。

POINT
中東の料理であるフムスは、ピクルスや、トマト、きゅうりなどと食べても。

[COLUMN]

食卓を彩る食器たち

私の食卓に欠かすことのできない、愛用のアイテムをご紹介。
写真映えする素敵なデザインのものたちです。

cutipol GOA カトラリー
写真をモダンテイストに仕上げてくれるクチポールのカトラリー。特にブラックがお気に入りです。／センプレ青山 ※写真左と中央は、青山店での取扱なし。

アンティークのカトラリー
ロンドンのアンティークマーケットで購入したカトラリー。写真になんとも言えない雰囲気を醸しだしてくれる名脇役。／著者私物

グレーと黒の器
男の料理らしく、シックに仕上げてくれるグレーや黒のお皿。／上:「WurtzForm PLATE」ARIGATO GIVING、中:「Jars セレストシリーズ ディナー皿」チェリーテラス、下:「ホガナスケラミック プレート 20cm グラファイトグレー」スキャンデックス

カッティングボード
食卓をカジュアルに演出したいときの必需品。木目が写真に深みや変化を与えてくれ、単調にならず美しく仕上がります。／前・後:「カッティングボード」M.SAITo Wood WoRKS、中:「エル アルテ デル オリボ」ザッカワークス

PART2
がっつり食べたい肉のおかず

食卓を盛り上げてくれる肉料理。
自分へのごほうびや、おもてなしに作りたい一品です。

CHICKEN STEW WITH ORANGE AND CINNAMON

鶏肉のオレンジシナモン煮込み

材料 (2人分)

鶏もも肉(骨付き) … 2本
玉ねぎ … 1個
にんにく … 3片
A ┃ オレンジジュース、白ワイン、スープストック … 各1/2カップ
 ┃ アーモンドプードル … 100g
 ┃ シナモンスティック … 1本
オレンジ … 2個
イタリアンパセリ … 適量
塩 … 少々

作り方

1 玉ねぎ、にんにく2片をフードプロセッサーにかけ、ペースト状にする。フライパンに入れて熱し、あめ色になるまで炒める。

2 鶏肉はそれぞれ3等分にする。鍋に鶏肉と残りのにんにくを入れ、表面があめ色になるまで炒める。

3 2に1、Aを入れて煮込む。鶏肉が柔らかくなったら塩で味を調え、スライスしたオレンジを入れて軽く煮込む。

4 皿に盛り、パセリをのせる。

POINT
骨付きの鶏もも肉を使うことで、だしが出て味に深みが増します。

MEATBALL AND BLACK BEER STEW

黒ビール煮込みミートボール

材料（2人分）

玉ねぎ … 2個
にんにく … 1片
牛ひき肉 … 300g

A
- 生パン粉 … 1/2カップ
- 卵 … 1個
- 塩、こしょう、オールスパイス … 各少々

しめじ … 1パック
しいたけ … 2個
はちみつ … 大さじ1
黒ビール … 適量
塩、こしょう、しょうゆ … 各適量
オリーブオイル … 適量

作り方

1. 玉ねぎ、にんにくをみじん切りにし、フードプロセッサーにかけペースト状にする。フライパンにオリーブオイルを熱し、あめ色になるまで炒める。

2. ボウルに牛肉、Aを入れ、粘けが出るまでこね、直径4cm程の大きさに丸める。

3. 鍋にオリーブオイルを熱し、2を焼く。表面に焼き色がついたら、石づきを取ってほぐしたしめじ、4等分したしいたけ、はちみつ、ひたひたの黒ビールを加えて煮込む。肉に火が通ったら塩、こしょう、しょうゆで味を調える。

POINT
黒ビールの苦味と、はちみつのやさしい甘さがクセになります。

BEEF POT PIE

かぶのミートパイ

材料 (2人分)

小かぶ … 3個
じゃがいも … 2個
にんじん … 1本
玉ねぎ … 1個
にんにく … 1片
牛もも肉(塊) … 300g
赤ワイン、スープストック … 各1/2カップ
塩、こしょう、ごま … 各少々
パイシート(市販) … 1枚
オリーブオイル … 適量

作り方

1. 小かぶを6等分にし、じゃがいも、にんじん、玉ねぎ、にんにくはみじん切りにする。フライパンにオリーブオイルを熱し、あめ色になるまで炒める。

2. 1を皿に移し、軽く洗ったフライパンで一口大に切った牛肉の表面を焼き、焼き色をつける。鍋に入れ、赤ワイン、スープストックを入れ軽く煮込む。1を入れてさらに2時間程煮込み、塩、こしょうで味を調える。

3. 耐熱皿に2を入れ、上からパイシートでふたをする。200℃に予熱したオーブンで20分程焼く。焼きあがったらごまをふる。

POINT
ホーローのパイ皿を使えば、ロンドンのパブで出てくる料理の雰囲気になります。

SLOW SIMMERED CHICKEN STEW

とろとろチキン煮込み

材料（2人分）

玉ねぎ … 2個
にんにく … 2片
鶏もも肉 … 300g
赤ワイン … 3/4カップ
スープストック … 1カップ
水 … 適量
トマトピューレ … 大さじ3
マッシュルーム … 6個
しめじ … 1パック
ローリエ … 1枚
ローズマリー … 1本
塩、こしょう、小麦粉 … 各適量
オリーブオイル … 適量

作り方

1. 玉ねぎとにんにくをみじん切りにし、フードプロセッサーにかけ、ペースト状にする。鍋にオリーブオイルを熱し、あめ色になるまで炒める。

2. 鶏肉に塩、こしょうをふり、小麦粉をまぶす。フライパンにオリーブオイルを熱し、鶏肉を炒める。赤ワインを加え、水分を飛ばしたら、1の鍋に加える。

3. 鍋にスープストック、ひたひたの水を入れ、トマトピューレ、1/2に切ったマッシュルーム、石づきを取りほぐしたしめじ、ローリエ、ローズマリーを加え、半日煮込む。

POINT
最初にしっかり玉ねぎとにんにくを炒めることが、おいしく作るコツです。

SAUSAGE WITH LENTIL

ソーセージのレンズ豆添え

材料 (2人分)

ソーセージ … 6本
にんじん … 1本
玉ねぎ … 1個
レンズ豆 … 1カップ
水 … 適量
にんにく … 1片
イタリアンパセリ … 適量
塩、こしょう … 各少々
オリーブオイル … 適量

作り方

1. にんにくを包丁の腹でつぶす。にんじん、玉ねぎをみじん切りにする。鍋にオリーブオイルを熱し、にんにくを炒める。香りが立ったら、にんじん、玉ねぎを加え、玉ねぎが透き通るまで炒める。
2. 洗ったレンズ豆を1に加え、ひたひたの水を加えて煮込む。やや固めの状態になったら塩、こしょうで味を調える。別のフライパンでソーセージを焼き、焼き色をつける。
3. 皿に2の鍋の具材を敷き、刻んだイタリアンパセリをちらす。その上にソーセージを盛る。

POINT
レンズ豆は水に浸す必要もなく、すぐ使えるので時間のないときに便利です。

CHINESE FRIED CHICKEN

揚げないヘルシー油淋鶏(ユーリンチー)

材料 (2人分)

鶏もも肉 … 2枚
サフラン … ひとつまみ
クスクス … 1カップ
紫玉ねぎ … 1/2個
にんにく(すりおろし) … 小さじ2
長ねぎ … 1/3本
生姜(すりおろし) … 小さじ1
塩 … 適量
こしょう … 少々
しょうゆ、酢、砂糖 … 各大さじ4

作り方

1. ボウルに湯1/4カップ(分量外)とサフランを入れ、色が出るまで15分程おく。クスクス、熱湯3/4カップ(分量外)を加え、ふたをして10分程蒸らす。
2. 紫玉ねぎをみじん切りにして水(分量外)にさらし、水けをきる。1に紫玉ねぎを加え、塩で味を調え、混ぜる。
3. 鶏肉は筋を取り除き、肉側から1cm間隔で、皮を切らない程度に切りこみを入れる。塩、こしょうをふり、にんにくを塗る。
4. フライパンに鶏肉を皮側からのせ、焼く。鶏の脂が出て表面がパリパリに焼けたら返し、肉側を焼く。
5. 長ねぎをみじん切りして小さめのボウルに入れ、生姜、しょうゆ、酢、砂糖を混ぜ合わせてたれを作る。4を2cm幅に切って皿に盛り、たれをかけ2を添える。

POINT
モロッコ料理と中華料理の、意外な組み合わせがたまりません。

SCOTCH EGG

スコッチエッグのチャツネ添え

材料 (2人分)

玉ねぎ … 1個
にんにく … 1片
牛ひき肉 … 200g
生パン粉 … 1/2カップ
卵 … 2個
オールスパイス … 少々
ゆで卵 … 3個
小麦粉、パン粉 … 各適量
塩、こしょう … 各少々
サラダ油 … 適量

A
- 玉ねぎ … 1個
- りんご … 1個
- レーズン … 1/2カップ
- シナモンパウダー、ナツメグパウダー、クローブパウダー … 各小さじ1/2
- バルサミコ酢 … 1/4カップ

作り方

1. Aの玉ねぎ、りんごをみじん切りにする。Aをすべて鍋に入れ、煮込む。柔らかくなったらフードプロセッサーにかけ、ペースト状にする。別容器に移しておく。

2. 玉ねぎ、にんにくをフードプロセッサーにかけ、ペースト状にする。フライパンに油を熱し、玉ねぎ、にんにくをあめ色になるまで炒める。

3. ボウルに牛肉、生パン粉、卵1個、2を入れ、オールスパイス、塩、こしょうをふって粘りけが出るまでこねる。

4. ゆで卵に小麦粉をまぶし、3で包む。残りの卵を溶き、ゆで卵をくぐらせてパン粉をつける。鍋に180℃の油を熱し、カラッと揚げる。皿に盛り、1を添える。

POINT
1738年ロンドンの老舗デパートが考案したスコッチエッグ。野菜や果物にスパイスを加えて煮込んだソース・チャツネをつけていただくのが定番です。

GOULASH

お手軽グーラッシュ

材料 (2人分)

豚ヒレ肉 … 400g
玉ねぎ … 1/2個
パプリカ(黄) … 1/2個
にんにく(すりおろし) … 1片分
キャラウェイシード … 少々
トマト缶 … 1/2缶
パプリカパウダー … 小さじ2
サワークリーム、ディル … 適量
塩、こしょう、小麦粉 … 各少々
バター … 大さじ1
サラダ油 … 適量

作り方

1. 豚肉は2cm厚さに切り、半分くらいの厚さに叩く。塩、こしょうをふり、表面に小麦粉をまぶす。フライパンにバターを熱し、豚肉の表面を焼く。

2. 玉ねぎをみじん切り、パプリカは1cm幅に切る。鍋に油を熱し、玉ねぎ、にんにくをあめ色になるまで炒める。キャラウェイシード、トマト缶を加えてさらに炒め、パプリカパウダー、塩、こしょうで味を調える。

3. 煮詰まってきたらパプリカ、1を加え、軽く煮込む。皿に盛り、好みでサワークリームをかけ、ディルをちらす。

POINT
オーストリアやハンガリーの料理。豚ヒレ肉を使って、15分で完成するクイックレシピに。

BEEF STROGANOFF

具だくさんビーフストロガノフ

材料 (2人分)

玉ねぎ … 1個

マッシュルーム、エリンギ、しいたけ、
　しめじ … 各1パック

にんにく(すりおろし) … 1片分

牛薄切り肉 … 300g

小麦粉 … 大さじ2

白ワイン … 1/2カップ

スープストック … 1カップ

水 … 適量

サワークリーム … 1＋1/4カップ

グリーンピース … 少々

イタリアンパセリ … 適量

塩、こしょう … 各適量

オリーブオイル … 大さじ3

作り方

1　玉ねぎをみじん切り、マッシュルーム、エリンギを3mm幅の薄切り、しいたけを一口大に切り、しめじは石づきを取ってほぐす。鍋にオリーブオイルを熱し、玉ねぎ、にんにくをあめ色になるまで炒める。マッシュルーム、エリンギ、しいたけ、しめじを加えて塩をふり、水けが飛ぶまで炒める。

2　牛肉を1cm幅に切る。フライパンに牛肉を入れ、塩、こしょう、小麦粉をふって炒める。火が通ったら、1の鍋に加える。

3　鍋に白ワイン、スープストックを入れ、ひたひたの水を加えて煮込む。煮詰まったら塩、こしょうで味を調え、サワークリームを入れる。グリーンピース、イタリアンパセリをちらす。

POINT
ぜひ、熱々のごはんにかけて召し上がってください。

SCANDINAVIAN MEATBALLS

スカンジナビアン・ミートボール

材料 (2人分)

牛ひき肉 … 300g
玉ねぎ … 2個
にんにく … 1片
生パン粉 … 1/2カップ
卵 … 1個
牛乳 … 適量
生クリーム … 1カップ
パルミジャーノ … 適量
オールスパイス … 小さじ1/2
塩、こしょう … 各少々
オリーブオイル … 適量

作り方

1. 玉ねぎ、にんにくをみじん切りにし、フードプロセッサーにかけペースト状にする。フライパンにオリーブオイルを熱し、あめ色になるまで炒める。

2. ボウルに牛肉を入れ、生パン粉、卵、オールスパイス、**1**を加え、塩、こしょうをふる。粘りが出るまでこね、直径4cm程の大きさに丸める。

3. 鍋にオリーブオイルを熱し、**2**を焼く。表面に焼き色がついたら、ひたひたの牛乳を入れ、煮込む。肉に火が通ったら火を止め、生クリーム、パルミジャーノを入れ、塩、こしょうで味を調える。

POINT
北欧の家庭料理です。寒い冬や、ほっこりと温まりたいときにおすすめ。

ROAST BEEF

定番ローストビーフ

材料(2人分)

牛ロース肉(塊)…500g
にんにく(すりおろし)…2片分
塩、こしょう…各少々

作り方

1. 牛肉ににんにくをすり込み、塩、こしょうをふる。タコ糸で肉を縛り、崩れないようにする。
2. フライパンに**1**をのせ、表面を焼く。焼き色がついたら、200℃に予熱したオーブンで20分程焼く。
3. 肉の中心の温度を温度計で計り、55℃になったら取り出す。温度が低いようなら時間を延長する。好みの厚さに薄切りする。

POINT
温度計を使うと、失敗することなく中が綺麗なピンク色に焼き上がるのでおすすめ。

MILK BRAISED PORK

豚ヒレ肉の牛乳煮

材料（2人分）

豚ヒレ肉（塊）… 300g
サフラン … ひとつまみ
牛乳 … 1カップ
松の実、レーズン … 各1/3カップ
小麦粉 … 適量
塩、こしょう … 各少々
オリーブオイル … 適量

作り方

1. ボウルに湯1/4カップ（分量外）、サフランを入れ、色が出るまでおく。
2. 豚肉に塩、こしょうをふり、小麦粉をまぶして、タコ糸で縛る。フライパンにオリーブオイルを熱し、豚肉の中心が温度計で63℃になるまで加熱する。
3. 1、牛乳、松の実、レーズンを加え、牛乳の水けがなくなるまで煮込む。豚肉を1cm厚さに切って皿に盛り、ソースをかける。

BOILED CHICKEN

柔らかゆで鶏

材料 (2人分)

鶏胸肉 … 400g
長ねぎ(白い部分) … 1/2本
生姜(薄切り) … 3枚
塩 … 大さじ1
生こしょう(あれば) … 適量
オリーブオイル … 適量

作り方

1. 鶏肉の皮、筋を取り除く。鍋に湯(分量外)を沸かし、沸騰したら火を止め塩を入れる。
2. 1に鶏肉、長ねぎ、生姜を入れ、ふたをして1時間おいておく。
3. 鶏肉を取り出し、好みの厚さに切って皿に盛る。オリーブオイルをかけ、生こしょうをのせる。好みで塩をつける。

POINT
ゆっくり熱を通すことで、ピンク色のしっとりした仕上がりになります。

APPLE BRAISED SPARERIBS

スペアリブのりんご煮込み

材料 (2人分)

- スペアリブ … 500g
- りんご … 1個
- 玉ねぎ … 1個
- にんにく … 2片
- A
  - 赤ワイン … 1/2カップ
  - シナモンスティック … 1本
  - スターアニス（あれば）… 2個
- はちみつ … 小さじ2
- 塩、こしょう、ピンクペッパー … 各少々
- オリーブオイル … 適量

作り方

1. りんご、玉ねぎ、にんにくをすりおろす。鍋にオリーブオイルを熱し、玉ねぎ、にんにくをあめ色になるまで炒める。
2. フライパンにオリーブオイルを熱し、スペアリブを表面に焼き色がつくまで焼く。
3. 2を1の鍋に入れ、りんご、Aを加えて煮込む。塩、こしょう、はちみつで味を調え、水けがなくなるまで煮込む。
4. 皿に盛り、ピンクペッパーをちらす。

MILANESE CUTLET

ミラノ風カツレツ

材料 (2人分)

豚もも肉(塊) … 300g
卵 … 1個
パン粉 … 適量
スプラウト … 適量
塩、こしょう … 各適量
オリーブオイル … 適量

作り方

1 パン粉をフードプロセッサーにかけ、細かくする。豚肉は半分に切り、パン粉をつけながら叩いて2mm厚さにのばす。

2 1に塩、こしょうをふり、溶き卵をつけてさらにパン粉をつける。フライパンに深さ3cm程のオリーブオイルを熱し、豚肉に火が通るまで揚げる。

3 皿に盛り、スプラウトをのせる。

POINT
大きくて薄い肉で作るのが、ミラノ風カツレツにするポイントです。

BEEF AND MACROPHYLL DUMPLINGS

大葉と牛肉の餃子

材料 (2人分)

牛ひき肉 … 140g

大葉 … 8枚

白菜 … 1枚

塩、こしょう、しょうゆ … 各少々

餃子の皮 … 14枚

サラダ油 … 適量

作り方

1 大葉、白菜をみじん切りにし、ボウルに入れて塩をもみ込む。水けが出たら水をきる。

2 1に塩、こしょう、しょうゆを加え味を調え、牛肉を加えて粘りけが出るまで混ぜ合わせ、餃子の皮に包む。

3 フライパンに油を熱し、餃子を焼く。焼き色がついたら水(分量外)を加えてふたをし、蒸し焼きにする。餃子の皮が透明になったらふたを取り、水けを飛ばすように強火で焼く。

SPICY PORK SKEWERS

豚肉のエスニック串焼き

材料(2人分)

豚ロース肉、豚バラ肉など(塊)
　…300g
パプリカ…1個
A [オレガノパウダー、
　　クミンパウダー、塩…各少々]

作り方

1. 豚肉、パプリカを一口大に切る。豚肉にAをまぶす。
2. 串に豚肉とパプリカを交互にさす。フライパンを熱し、豚肉に火が通るまで焼く。

POINT
オレガノとクミンの組み合わせがエスニック気分を簡単に演出してくれます。

PART3
頑張った日の満足ごはん

米や麺、イタリアンにエスニック。

一品でお腹を満たしてくれる、ごはんレシピです。

SPAGHETTI CARBONARA

温泉卵のカルボナーラ

材料 (2人分)

スパゲッティ … 160g
ベーコン (塊) … 100g
にんにく … 1片
卵 … 2個
パルメザンチーズ … 1/2カップ
粗挽き黒こしょう、塩 … 各少々
オリーブオイル … 大さじ1

作り方

1. 鍋に湯 (分量外) を沸かし、塩を入れてスパゲッティを袋の表示時間通りゆでる。
2. にんにくを包丁の腹でつぶす。ベーコンは1cm幅に切る。フライパンにオリーブオイルを熱し、にんにくを香りが立つまで炒める。ベーコンを加え炒め、スパゲッティのゆで汁大さじ2を入れて乳化させソースを作る。
3. 鍋に湯 (分量外) を沸かし、67〜69℃に保つ。卵を静かに入れ25分間ゆで、温泉卵を作る。
4. スパゲッティを2のフライパンに加え、ソースと絡める。皿に盛り、温泉卵を割り入れ、パルメザンチーズ、粗挽き黒こしょうをふる。

POINT
温泉卵とパルメザンチーズの絶妙なとろとろ感がたまりません。

SPICED PILAF AND KABAB

エスニックピラフと牛肉のケバブ

材料 (2人分)

牛ひき肉 … 400g
トマト … 1個
イタリアンパセリ … 適量
塩、こしょう … 各適量

A
- 米(あればインディカ米) … 1カップ
- 水 … 1カップ
- コリアンダーシード、ターメリックパウダー … 各小さじ1
- 塩 … 少々

B
- ヨーグルト … 大さじ1
- にんにく(すりおろし) … 1片分
- レモン汁 … 小さじ1
- 塩 … 少々
- オリーブオイル … 小さじ1

バター … 小さじ1

作り方

1. 鍋にバターを熱し、**A**を入れて強火で10分加熱する。その後弱火で10分加熱し、ふたをしてさらに10分蒸らす。
2. 牛肉をボウルに入れ、塩、こしょうをふってよくまぜる。細長く成形し、串に刺してフライパンで表面に焼き色がつくまで焼く。
3. **1**を皿に盛り、1cm角に切ったトマト、**2**をのせる。合わせた**B**をかけ、刻んだイタリアンパセリをちらす。

POINT
様々なスパイスでエスニックな気分を味わえます。

GENOVESE PASTA

インゲン豆とじゃがいもの
ジェノベーゼパスタ

材料 (2人分)

じゃがいも … 2個
インゲン豆 … 10本
スパゲッティ(あればフェットチーネ) … 160g

A
- にんにく(すりおろし) … 1片分
- バジル … 30枚
- パルメザンチーズ、松の実 … 各1/2カップ
- 塩 … 少々

パルメザンチーズ … 適量
塩 … 少々
オリーブオイル … 1カップ

作り方

1 A、オリーブオイルをフードプロセッサーにかけ、ペースト状にする。

2 鍋に湯(分量外)を沸かし、じゃがいも、インゲン豆を柔らかくなるまでゆでる。ゆでたじゃがいもは3cm角に、インゲン豆は3cm長さに切る。別の鍋に湯(分量外)を沸かし、塩を入れスパゲッティを袋の表示時間通りゆで、水けをきる。

3 ボウルに1、じゃがいも、インゲン豆、松の実(分量外)を入れ、あえる。じゃがいも、インゲン豆は別容器に移す。

4 3のボウルにスパゲッティを入れ、ソースとあえる。皿に盛り、じゃがいもとインゲン豆をのせて、パルメザンチーズをふる。

POINT
じゃがいも、インゲン豆、ジェノベーゼソースをあえてサラダに添えても!

PUMPKIN GNOCCHI WITH SHRIMP

かぼちゃとえびのニョッキ

材料（2人分）

かぼちゃ … 1/4個
ブラックタイガー … 10尾
小麦粉 … 1/4カップ
塩、牛乳 … 各少々

A ┌ 生クリーム … 1/3カップ
　├ パルメザンチーズ … 1/4カップ
　├ ナツメグパウダー … 小さじ1/3
　└ こしょう … 少々

パルメザンチーズ … 適量

作り方

1. かぼちゃを一口大に切り、電子レンジで2分程加熱し柔らかくする。濾し器を使ってペースト状にし、塩、小麦粉を入れてよくこねる。一口大の楕円形にし、冷蔵庫で15分おく。
2. えびは殻をむいてフライパンで焼き色がつくまで焼き、別の容器に移す。鍋に湯（分量外）を沸かし、塩を入れ、1をゆでる。水面に浮き上がってくるまで加熱し、ゆであがったら水けをきる。
3. フライパンにAを入れ熱し、ゆでた2のニョッキを加えてソースとなじませる。ソースが固くなったら牛乳を入れ、調整する。
4. 3を器に盛り、えびをのせ、パルメザンチーズをふる。

POINT
一般的なレシピより小麦粉の量を極端に減らしているので、軽い口当たりのニョッキに仕上がります。

QEEMA CURRY

濃厚キーマカレー

材料 (2人分)

米 … 1カップ
玉ねぎ … 2個
牛ひき肉 … 300g
水 … 適量
サフラン … ひとつまみ
にんにく … 1片
生姜 … 1片
カレー粉 … 大さじ2
はちみつ … 小さじ1
卵 … 2個
塩 … 少々
サラダ油 … 適量

作り方

1. 米を洗い炊飯器に入れ、目盛通りの水、サフランを加えて炊く。
2. 玉ねぎ、にんにく、生姜をフードプロセッサーにかけ、ペースト状にする。フライパンに油を熱し、あめ色になるまで炒め、別容器に移しておく。
3. フライパンに油を熱し、牛肉、塩を入れて炒め、火が通ったら2、カレー粉を加えて炒める。ひたひたの水を入れて30分程煮込み、塩、はちみつで味を調える。
4. 皿に1、3を盛る。フライパンに油を熱し、卵を割り入れて目玉焼きを作り、カレーの上にのせる。

POINT
比較的短い煮込み時間で作る、キーマカレーです。卵と絡めて召し上がってください。

MINCED OCTOPUS PASTA

たこミンチのパスタ

材料 (2人分)

ゆでだこ … 1匹
玉ねぎ … 1個
にんにく … 1片
スパゲッティ … 160g
アンチョビフィレ(みじん切り) … 3枚
A ┌ トマトピューレ … 1カップ
　│ パプリカパウダー … 大さじ1
　└ チリパウダー … 適量
ケイパー(あれば) … 大さじ1
塩 … 少々
オリーブオイル … 大さじ2

作り方

1. たこは一口大に切り、フードプロセッサーにかけ、ミンチ状にする。たこを別容器に移し、玉ねぎ、にんにくをフードプロセッサーにかけ、ペースト状にする。
2. フライパンにオリーブオイルを熱し、**1**の玉ねぎ、にんにくを水けがなくなるまで炒める。**1**のたこ、アンチョビフィレを加えて炒め、**A**を入れ20分煮込む。塩で味を調える。
3. 鍋に湯(分量外)を沸かし、塩を入れスパゲッティを袋の表示時間通りゆでる。**2**にゆであがったスパゲッティを水けをきって入れ、ソースと絡める。
4. 皿に盛り、ケイパーをちらす。

POINT
たこのプリプリとした食感と、トマトソースの酸味がよく合います。

COLD VIETONAMESE-STYLE NOODLES

冷たいエスニック麺

材料 (2人分)

鶏ひき肉 … 100g

紫玉ねぎ … 1/2個

細麺うどんの乾麺 … 2束

にんにく(すりおろし) … 1片分

生姜(すりおろし) … 1片分

梅酒 … 大さじ2

ナンプラー … 適量

くるみ … 大さじ1

香菜 … 1束

A
- チリパウダー、ナンプラー … 各大さじ1
- ライム汁 … 2個分
- 白ごま、はちみつ … 各小さじ1
- 鶏ガラスープストック … 1/4カップ

サラダ油 … 適量

作り方

1. フライパンに油を熱し、鶏肉、にんにく、生姜を炒める。鶏肉に火が通ったら、梅酒、ナンプラーで味を調える。
2. くるみを粗めに刻み、紫玉ねぎは薄切りにして水にさらす。
3. 鍋に湯(分量外)を沸かし、うどんを袋の表示時間通りゆでる。ゆであがったら冷水でしめて水けをきる。皿に麺を盛り、**1**、**2**、刻んだ香菜をのせる。**A**を合わせたたれをかける。

POINT
うどんをエスニックにアレンジした一品。くるみがアクセントになります。

EUROPEAN-STYLE CURRY

本格欧風カレー

材料（2人分）

牛肩ロース肉 … 300g
玉ねぎ … 2個
にんにく … 1片
生姜 … 1片
小麦粉 … 大さじ2
りんご … 1個
にんじん … 1本
ごはん … 2杯分

A
- カレー粉 … 大さじ2
- ローリエ … 2枚
- はちみつ … 適量
- 赤ワイン、スープストック、水 … 各1カップ

塩 … 適量
サラダ油 … 適量

作り方

1. 玉ねぎ、にんにく、生姜をフードプロセッサーにかけ、ペースト状にする。フライパンに油を熱し、あめ色になるまで炒め、別容器に移す。
2. 牛肉を一口大に切る。フライパンに油を熱し、牛肉、塩、小麦粉を入れて炒める。牛肉に火が通ったら、すりおろしたりんご、一口大に切ったにんじん、**1**、**A**を入れ3時間程煮込む。
3. 皿にごはんをよそい、**2**をかける。

POINT
玉ねぎをじっくり炒めることで、おいしい本格的なカレーが作れます。

BROCCOLI AND OLIVE OIL PASTA

ブロッコリーのオイルパスタ

材料（2人分）

ブロッコリー … 1株
スパゲッティ（あればショートパスタ）… 150g
にんにく（みじん切り）… 1片分
アンチョビフィレ（みじん切り）… 3枚分
唐辛子 … 1本
パルメザンチーズ … 1/2カップ
塩 … 少々
オリーブオイル … 大さじ2

作り方

1. 鍋に湯（分量外）を沸かし、ブロッコリーを3分ゆで、ざるにあける。再び鍋に湯（分量外）を沸かし、塩を入れスパゲッティを袋の表示時間通りゆでる。

2. フライパンにオリーブオイルを熱し、にんにくを炒める。香りが立ったらアンチョビ、唐辛子、ブロッコリーを加える。ブロッコリーをフォークの背中でつぶし、パスタのゆで汁1/2カップを加える。オイルが足りなければ少し足し、乳化させてソースを作る。塩で味を調える。

3. 2にスパゲッティを入れ、ソースに絡め、パルメザンチーズの半量を加え混ぜる。皿に盛り、残りのパルメザンチーズをふる。

POINT
シンプルで、素材の味が引き立つパスタです。

TOMATO AND PEACH CAPELLINI

トマトと桃の冷製カッペリーニ

材料 (2人分)

トマト … 1個

桃 … 1個

にんにく … 1片

スパゲッティ(あればカッペリーニ) … 140g

バジル … 15枚

塩、こしょう … 各少々

オリーブオイル … 適量

作り方

1. トマトは2cm角に切る。にんにくは包丁の腹でつぶし、トマト、塩とあわせて30分程おく。桃は1cm角に切る。
2. トマトや桃から出た水分を別容器に移し、オリーブオイルを加えて混ぜ合わせ、乳化させる。
3. 沸かした湯(分量外)に塩を入れ、スパゲッティを袋の表示時間通りゆでる。ゆであがったら氷水で冷やし、水けをきる。
4. 2にスパゲッティを入れ、混ぜ合わせる。こしょうをふり、バジルを5枚入れ、さらに混ぜたら器に盛り、トマト、桃、残りのバジルをのせる。

POINT
トマトと桃から出た水分を、オリーブオイルとしっかり乳化させるのがポイントです。

SHRIMP AND MUSSEL PAELLA

● この本をどこでお知りになりましたか?(複数回答可)
1. 書店で実物を見て　　　　2. 知人にすすめられて
3. テレビで観た(番組名:　　　　　　　　　　　　)
4. ラジオで聴いた(番組名:　　　　　　　　　　　)
5. 新聞・雑誌の書評や記事(紙・誌名:　　　　　　)
6. インターネットで(具体的に:　　　　　　　　　)
7. 新聞広告(　　　　　新聞)　8. その他(　　　　)

● 購入された動機は何ですか?(複数回答可)
1. タイトルにひかれた　　　　2. テーマに興味をもった
3. 装丁・デザインにひかれた　4. 広告や書評にひかれた
5. その他(　　　　　　　　　　　　　　　　　　)

● この本で特に良かったページはありますか?

● 最近気になる人や話題はありますか?

● この本についてのご意見・ご感想をお書きください。

　　　　　　以上となります。ご協力ありがとうございました。

郵便はがき

150-8482

東京都渋谷区恵比寿4-4-9
えびす大黒ビル
ワニブックス 書籍編集部

お手数ですが
切手を
お貼りください

── お買い求めいただいた本のタイトル ──

本書をお買い上げいただきまして、誠にありがとうございます。
本アンケートにお答えいただけたら幸いです。
ご返信いただいた方の中から、
抽選で毎月5名様に図書カード（1000円分）をプレゼントします。

ご住所　〒
TEL（　　　-　　　-　　　）

（ふりがな）
お名前

ご職業	年齢　　　歳
	性別　男・女

いただいたご感想を、新聞広告などに匿名で
使用してもよろしいですか？　（はい・いいえ）

※ご記入いただいた「個人情報」は、許可なく他の目的で使用することはありません。
※いただいたご感想は、一部内容を改変させていただく可能性があります。

えびとムール貝のパエリア

材料 (2人分)

米 … 1カップ

鶏もも肉 … 100g

玉ねぎ(みじん切り) … 1個分

にんにく(みじん切り) … 1片分

いか … 100g

ブラックタイガー … 5尾

ムール貝 … 20個

水 … 1カップ

トマトピューレ … 大さじ1

サフラン … ひとつまみ

パプリカ(黄) … 1個

塩、こしょう … 各少々

オリーブオイル … 適量

作り方

1. 米を水(分量外)に30分程浸けておき、ざるにあげて水けをきる。

2. 鶏肉を一口大に切る。フライパンにオリーブオイルを熱し、玉ねぎ、にんにくを炒める。香りが立ったら鶏肉を加えて火を通す。米を加え、透明になったら分量の水、トマトピューレ、サフランを入れ、塩、こしょうで味を調える。

3. 一口大に切ったいか、えび、ムール貝を加えてアルミホイルでふたをし、8分加熱する。その後、10分弱火で加熱し、火を止め1cm角に切ったパプリカを入れ、10分程蒸らす。

POINT
意外に簡単に作れるパエリア。米を水にしっかり浸しておくと、ふっくらと仕上がります。

TOMATO AND MASCARPONE PASTA

トマトとマスカルポーネの
パスタ

材料 (2人分)

豚ひき肉 … 150g

こしょう、オレガノ、ローズマリー … 各少々

トマト … 2個

にんにく … 1片

スパゲッティ(あればショートパスタ) … 100g

ヨーグルト … 大さじ3

マスカルポーネ … 大さじ2

バジル … 4枚

塩 … 適量

オリーブオイル … 大さじ1

作り方

1. 豚肉に塩、こしょうをふり、オレガノ、ローズマリーを加えて、粘りが出るまでこね、直径2cm程の楕円形にする。トマトは一口大に切り、にんにくは包丁の腹でつぶす。

2. フライパンにオリーブオイルを熱し、にんにくを炒める。香りが立ったら豚肉を入れて表面を焼き、トマトを加えて煮込む。トマトが崩れてきたら火を止め、ヨーグルト、マスカルポーネを加える。

3. 鍋に湯(分量外)を沸かし、塩を入れ、スパゲッティを袋の表示時間通りゆでる。ゆであがったら水けをきり、**2**に加えてソースと合わせる。皿に盛り、バジルを飾る。

POINT
リコッタチーズでよく作っていたレシピを、マスカルポーネとヨーグルトで代用してみました。こちらも劣らない濃厚さです。

MUSHROOM RISOTTO

きのこのリゾット

材料 (2人分)

マッシュルーム、エリンギ、しいたけ、しめじ … 各1/2パック
玉ねぎ(みじん切り) … 1/2個分
米 … 1カップ
にんにく(みじん切り) … 1片分
白ワイン … 1/2カップ
スープストック … 1/4カップ
パルメザンチーズ … 1/3カップ
塩、こしょう … 各少々
バター … 大さじ3
オリーブオイル … 適量

作り方

1. フライパンにオリーブオイルを熱し、にんにくを炒める。香りが立ったら白ワイン、マッシュルーム、エリンギ、しいたけ、しめじを加え、水けがなくなるまで炒めて、別容器に移す。
2. フライパンにバターを熱し、玉ねぎを透き通るまで炒める。洗った米を加え、米が透き通ったらスープストックを少しずつ入れ、かき混ぜながら煮込む。水けがなくなったらスープストックを足し、さらに煮ることを繰り返す。
3. 米が柔らかくなったら皿に盛り、パルメザンチーズ、1を混ぜ合わせる。塩、こしょうで味を調える。

POINT
いろんな種類のきのこの旨みが凝縮されたリゾットです。

JAMBALAYA WITH "TATSUTA-AGE"

ジャンバラヤと竜田揚げ

材料 (2人分)

鶏もも肉 … 200g
ソーセージ … 8本
玉ねぎ … 1/2個
にんにく(すりおろし) … 1片分
小えび … 10尾
米(あればインディカ米) … 1カップ

A
- 酒、しょうゆ … 各大さじ1
- 生姜(すりおろし) … 小さじ2
- ごま油、にんにく(すりおろし)、はちみつ … 各小さじ1

片栗粉 … 大さじ2

B
- スープストック … 1カップ
- パプリカパウダー … 大さじ1/2
- トマトペースト … 小さじ1
- オレガノパウダー、クミンパウダー … 各小さじ1/2
- カイエンペッパー、クローブパウダー、こしょう、タイム … 各少々

バジル(あれば) … 適量
塩 … 少々
サラダ油 … 適量

作り方

1 鶏肉を一口大に切る。Aに漬け込み、冷蔵庫に30分おく。余分なたれをキッチンペーパーでふき取り、片栗粉をまぶす。鍋に深さ6cm程の油を熱し、鶏肉をカラッと揚げる。

2 ソーセージを5mm幅に、玉ねぎを1cm角に切る。フライパンに油を熱し、玉ねぎ、にんにくを透き通るまで炒め、ソーセージ、えびを加える。米を加え、透き通ったら、Bを入れふたをして40分程炊く。塩で味を調える。

3 炊きあがったら1をのせ、バジルをちらす。

POINT
アメリカ南部の郷土料理・ジャンバラヤ。和のおかず・竜田揚げとよく合い、がっつりしたものが食べたいときにぴったりです。

ASPARAGUS AND SPINACH RISOTTO

アスパラガスと
ほうれん草のリゾット

材料 (2人分)

アスパラガス … 3本
ほうれん草 … 4束
玉ねぎ(みじん切り) … 1個分
にんにく(すりおろし) … 1片分
米 … 1カップ
スープストック … 1/4カップ
パルメザンチーズ … 1/2カップ
塩、こしょう … 各少々
バター … 大さじ2

作り方

1. 鍋に湯(分量外)を沸かし、アスパラガスを1分ゆでる。ざるにあけ、ほうれん草をゆでる。ほうれん草はフードプロセッサーにかけ、ペースト状にする。
2. フライパンにバターを熱し、玉ねぎ、にんにくを透き通るまで炒める。米、スープストックを少しずつ入れ、混ぜながら煮込む。水けがなくなったらスープストックを足し、米が柔らかくなったらパルメザンチーズとほうれん草のペーストを加えて混ぜる。塩、こしょうで味を調える。
3. 皿に2を盛り、1/2に切ったアスパラガスをのせる。

POINT
ほうれん草とアスパラガスの鮮やかな色が映える一品。風味も食欲をそそります。

SQUID INK PASTA
WITH GARLIC, OIL AND PEPPERS

イカスミパスタの
ペペロンチーノ

材料 (2人分)

スパゲッティ(イカスミを練り込んだもの) … 160g
にんにく(薄切り) … 1片分
唐辛子 … 1本
ムール貝 … 8個
塩 … 少々
オリーブオイル … 大さじ2

作り方

1. 鍋に湯(分量外)を沸かし、塩を入れスパゲッティを袋の表示時間通りゆでる。
2. フライパンにオリーブオイルを熱し、にんにく、唐辛子を炒める。香りが立ったらムール貝を入れ、貝の口が開くまで加熱し、ムール貝を別容器に移す。
3. **2**のフライパンにスパゲッティのゆで汁を1/2カップ加え、乳化させてソースを作る。
4. 水けをきったスパゲッティを**3**に加え、ソースとあえる。水けがなくなったら、ゆで汁、オリーブオイルを少し足す。
5. 器に盛り、ムール貝を飾る。

POINT
イカスミが練り込んであるスパゲッティを使えば歯が黒くならず、おもてなし料理にもおすすめです。

SHIRASU PASTA

しらすパスタ

材料 (2人分)

釜揚げしらす … 100g
スパゲッティ … 160g
にんにく(みじん切り) … 1片分
卵黄 … 2個分
塩 … 少々
オリーブオイル … 大さじ2

作り方

1. フライパンにオリーブオイルを熱し、にんにくを香りが立つまで炒める。
2. 沸かした湯(分量外)に塩を入れ、スパゲッティを袋の表示時間通りゆでる。
3. 1のフライパンにスパゲッティ、スパゲッティのゆで汁少々を入れ、乳化させながらなじませる。
4. 皿に盛り、中心に卵黄、その周りにしらすを飾る。

PESCATORE WITH SQUID AND CLAMS

いかとあさりのペスカトーレ

材料 (2人分)

いか … 1杯

あさり … 20個

スパゲッティ … 180g

にんにく(みじん切り) … 1片分

唐辛子 … 1本

トマトピューレ … 1カップ

塩 … 少々

オリーブオイル … 大さじ3

作り方

1. フライパンにオリーブオイルを熱し、輪切りにしたいか、あさり、にんにく、唐辛子、を入れ、炒める。
2. あさりの口が開いたらトマトピューレを入れて軽く煮込み、あさりを別容器に移す。
3. 鍋に湯(分量外)を沸かし、塩を入れスパゲッティを袋の表示時間通りゆでる。スパゲッティの水けをきり、**2**のフライパンに入れ、あえる。
4. 皿に盛り、あさりをのせる。

SHRIMP FRIED RICE

えびチャーハン

材料 (2人分)

ごはん … 1+1/2杯分
ブラックタイガー … 10尾
チャーシュー … 4枚
長ねぎ … 10cm
卵 … 2個
グリーンピース … 大さじ1
塩、酒、しょうゆ … 各少々
サラダ油 … 大さじ1

作り方

1. 鍋に湯（分量外）を沸かし、えびをゆで、殻を取り除く。えびとチャーシューは4等分に、長ねぎはみじん切りにする。
2. フライパンに油を熱し、溶いた卵を入れる。卵が半熟になったらごはんを入れ、絡めながら強火で鍋をふる。塩、酒、しょうゆで味を調える。
3. ごはんがパラパラになったら、1、グリーンピースを入れ、鍋をふって混ぜ合わせ、器に盛る。

PARMESAN RISOTTO

パルメザンチーズの濃厚リゾット

材料（2人分）

米 … 1カップ
パルメザンチーズ … 1/2カップ
玉ねぎ … 1/2個
サフラン … ひとつまみ
スープストック … 1/4カップ
塩、こしょう … 各少々
バター … 大さじ2

作り方

1. ボウルに湯1/4カップ（分量外）、サフランを入れ、色が出るまでおく。

2. 玉ねぎをみじん切りにする。フライパンにバターを熱し、玉ねぎが透き通るまで炒める。米を加え、透き通ったら1をかき混ぜながら加える。

3. 水けがなくなったらスープストックを少しずつ加え、かき混ぜながら煮込む。米が柔らかくなったらパルメザンチーズをかけ、塩、こしょうで味を調える。

SPICY FRIED NOODLES

エスニック焼きうどん

材料 (2人分)

細麺うどんの乾麺 … 2束
ブラックタイガー … 20尾
にんにく(みじん切り) … 2片分
生姜(みじん切り) … 1片分
ナンプラー … 適量
はちみつ … 大さじ1
ココナッツオイル、チリパウダー、
　シュガーローストピーナッツ … 各大さじ2
三つ葉(または香菜) … 1束
ライム … 1個

作り方

1　鍋に湯(分量外)を沸かし、うどんを袋の表示時間通りゆで、水洗いして水けをきる。えびの殻をむき、4尾を1cm長さに切る。

2　フライパンにココナッツオイルを熱し、にんにく、生姜、えびを炒める。うどんを加え、ナンプラー、はちみつ、チリパウダーで味を調える。

3　皿に2を盛り、刻んだピーナッツ、三つ葉をのせ、ライムをしぼる。

HONEY LEMON PASTA

はちみつレモンパスタ

材料 (2人分)

スパゲッティ … 160g
レモン … 2個
A [はちみつ … 大さじ1
バター … 大さじ3]
パルメザンチーズ … 1/2カップ
塩 … 少々

作り方

1. レモンをしぼってレモン汁を作る。
2. フライパンを熱し、レモン汁、Aを加えてソースを作る。
3. 沸かした湯(分量外)に塩を入れスパゲッティを袋の表示時間通りゆで、水けをきる。スパゲッティを2に入れソースと絡め、パルメザンチーズを加える。
4. 皿に盛り、レモンの皮を削る。好みでパルメザンチーズをかける。

BEEF STEAK PITA SANDWICH

ビーフステーキ・ピタパンサンド

材料 (2人分)

牛ロース肉 … 200g
トマト … 1個
きゅうり … 1本
アボカドのフムス (P29参照) … 適量
A ┌ ヨーグルト … 100g
  │ パセリ、塩、こしょう … 各少々
  └ にんにく (すりおろし) … 小さじ1/2
ピタパン (市販) … 2枚

作り方

1. フライパンで牛肉を焼き色がつくまで焼き、1cm幅に切る。トマト、きゅうりは5mm幅の薄切りにする。
2. ピタパンにトマト、きゅうり、牛肉、アボカドのフムスをはさむ。Aを合わせたソースをかける。

POINT
ささっと作れる、中近東風カジュアルランチです。

PARMESAN AND WALNUT PASTA

パルメザンチーズとくるみのパスタ

材料 (2人分)

スパゲッティ(あればショートパスタ)
　…140g

A
- くるみ … 1/2カップ
- にんにく(すりおろし) … 1片分
- パルメザンチーズ … 1/3カップ
- オリーブオイル … 適量

牛乳 … 適量

塩、黒こしょう、パルメザンチーズ
　… 各少々

作り方

1. Aをフードプロセッサーにかけ、ペースト状にする。固ければ牛乳を少しずつ足し、滑らかにする。
2. 鍋に湯(分量外)を沸かし、塩を入れてスパゲッティを袋の表示時間通りゆでる。ゆであがったらざるに移し、水けをきる。
3. ボウルに1、2を入れ、あえて器に盛る。黒こしょうとパルメザンチーズをふる。

POINT
くるみのソースは徹底的にフードプロセッサーにかけ、滑らかにするのがおいしさの秘訣です。

[COLUMN]

欠かせないキッチンアイテム

料理をするときに愛用しているアイテムたち。
使い勝手も、デザインも惚れこんだ逸品です。

LODGE ロジックスキレット
サイズや用途に合わせて買っていると、いつの間にか11個も所有していたスキレット。いくつあっても困らないアイテムです。／エイアンドエフ

ビアンキグレーターS
イタリアのおろし金専業メーカーの、チーズグレーター。チェリー材の取っ手は手に馴染み、使いやすさ抜群です。／ザッカワークス

ALESSI "MP0215" Mill
25年くらい前にイタリアで購入したミル。びくともせず未だに現役で活躍してくれています。／ALESSI SHOP青山 ※現物は生産終了。

Perceval テーブルナイフ「9.47」
フランスのミシュラン星付レストランを経営していたシェフが、職人とともにナイフ作りに専念して作りあげたナイフ。抜群の切れ味です。／W

PART4
ぱぱっと出したいちょい飲みのおとも

ちょっと飲みたいときや、小腹がすいたときに。
さっと作れたらうれしい一品です。

FISH AND CHIPS

フィッシュアンドチップス

材料 (2人分)

たらの切り身 … 2切れ
じゃがいも … 1個
玉ねぎ … 1/4個
ピクルス … 少々
グリーンピース … 1カップ
牛乳、塩、バター … 各適量
マヨネーズ … 大さじ3
小麦粉 … 少々

A ┌ 小麦粉 … 200g
　│ 塩 … ひとつまみ
　│ 卵黄 … 1個分
　└ 牛乳、ビール … 各1/4カップ

レモン … 適量
サラダ油 … 適量

作り方

1. ボウルにAを入れ混ぜ合わせ、冷蔵庫で30分おく。
2. グリーンピース、牛乳をフードプロセッサーにかけ、ペースト状にする。塩、溶かしたバターで味を調え、別容器に移す。
3. マヨネーズ、玉ねぎ、ピクルスをフードプロセッサーにかけ、細かくする。
4. 鍋に油を熱し、たらを1につけて揚げる。じゃがいもはくし形切りにし、水けをきって小麦粉をまぶし、揚げる。
5. 皿に4を盛り、レモンをしぼる。2、3をそれぞれ小皿に入れ。添える。

POINT
衣にビールを入れることで、サクサクのフライドフィッシュになります。

ACQUA PAZZA

もてなし上手なアクアパッツァ

材料 (2人分)

いか … 1/2杯
金目鯛 … 1匹
あさり、ムール貝など … 10個程
にんにく … 1片
白ワイン … 1/4カップ

A ┌ ドライトマト … 5個
  │ オリーブ … 10個
  │ ケイパー … 少々
  └ 水 … 1/2カップ

タイム … 1枝
塩 … 少々
オリーブオイル … 大さじ2

作り方

1. いか、金目鯛は内臓を取り除く。いかは一口大に切る。
2. にんにくを包丁の腹でつぶし、スキレットにオリーブオイル大さじ1を熱し、香りが立つまで炒める。金目鯛に塩をまぶしてスキレットに入れ、片面を焼き色がつくまで焼く。いか、あさり、ムール貝、白ワインを入れ、さらに火を通す。
3. Aを入れ、オイルと水を混ぜ合わせ乳化させる。タイムを加え、210℃に予熱したオーブンにスキレットを入れ、10分程表面を焼く。
4. 焼きあがったら残りのオリーブオイルをまわしかける。

POINT
手間がかかりそうですが、意外と簡単に作れて、見た目も華やかな一品です。

TERRINE DE CAMPAGNE

テリーヌ・ド・カンパーニュ

材料（500mlのテリーヌ型1台分）

豚肩肉 … 350g
豚トロ肉 … 150g
鶏レバー … 50g
A［ ナツメグ、クローブ、シナモン … 各少々 ］
牛乳 … 1カップ
ベーコン … 40g
玉ねぎ … 中1個

にんにく … 2片
B［ 溶き卵 … 1個分
白ワイン … 大さじ1/2
コニャック … 大さじ1 ］
ローリエ … 1枚
サラダ油 … 大さじ1/2

作り方

1 豚肉をすべてフードプロセッサーにかけ、粗めに挽く。**A**を混ぜる。

2 鶏レバーは牛乳に1時間程漬け込み、フードプロセッサーにかけペースト状にする。

3 フライパンに油をひき、みじん切りにした玉ねぎ、にんにくをさっと炒める。

4 ボウルに**1**を入れ、粘りが出るまでこねる。粘りけが出たら**B**、**2**、**3**を加える。

5 型の内側にベーコンを敷き、空気を抜きながら**4**を詰め込む。ローリエをのせ、ラップをかけ冷蔵庫で一晩おく。

6 天板にお湯を張り、その中に型をおく。ふたをし、160℃に予熱したオーブンで30分湯煎にかけながら蒸し焼きする。ふたを取り除いてさらに30分焼く。温度計を使い、肉の中心が65℃になるまで焼く。

7 焼きあがったら粗熱を取り、型から外して冷蔵庫で冷やす。冷めたら適当な大きさに切る。

POINT
500mlの型なら、肉の量が合計500gになれば他の肉でも代用可。お好みの肉で試してみてください。

CHICKEN SATAY

2つの味のチキンサテ

材料 (2人分)

鶏ひき肉 … 250g
ナンプラー … 小さじ1

A
- レモン汁 … 小さじ4
- ごま油、しょうゆ、ピーナッツバター … 各小さじ2
- チリパウダー … 小さじ1
- 玉ねぎ(すりおろし) … 少々
- にんにく(すりおろし) … 1片分

B
- 水 … 1/2カップ
- 砂糖、酢 … 各大さじ3
- にんにく(みじん切り) … 2片分
- 唐辛子(みじん切り) … 2本分

塩、片栗粉 … 各適量

作り方

1. **A**をフードプロセッサーにかけ、ペースト状にする。固ければごま油を足して調節し、別容器に入れておく。
2. 鍋に**B**を入れて煮詰め、塩、ナンプラーで味を調える。片栗粉を加え、とろみをつけて、別容器に入れておく。
3. 鶏肉に塩、片栗粉を加え、粘りけが出るまでこねる。細長く成形し、串に刺してトースターで焼き色がつくまで焼く。
4. 皿に**3**を盛る。**1**、**2**をそれぞれ小皿に入れ、添える。

POINT
インドネシアの定番料理。ピーナッツバターソースとスイートチリソースでどうぞ。

BRAISED SQUID AND PICKLED ZUCCHINI

いかのイカスミ煮と
ズッキーニの甘酢漬け

材料(2人分)

ししとう、万願寺唐辛子など … 10本
ズッキーニ … 1本
パプリカ … 1個
いか … 1杯
にんにく(みじん切り) … 1片分
白ワイン … 1/2カップ

A ┌ にんにく … 2片
  │ ワインビネガー … 1カップ
  │ 砂糖 … 50g
  └ ローリエ … 1枚

オリーブオイル … 適量

作り方

1 鍋にAを入れて沸騰させ、ししとうなどと、ズッキーニを入れて軽く煮込む。火を止め常温に冷ましたら、冷蔵庫でおく。

2 パプリカを200℃に予熱したオーブンに入れ、全体が黒く焦げるまで焼く。皮、種を取り除き、5mm幅の細切りにする。

3 いかの内臓を取り除き、1cm幅の輪切りにする。イカスミは取りおく。フライパンにオリーブオイルを熱し、にんにくを香りが立つまで炒める。いか、イカスミ、白ワインを入れてさっと煮込む。

4 3を器に盛り、2のパプリカをのせる。別の器に1を入れる。

POINT
フランスや、スペインの料理に登場する2品です。お酒がすすみます。

CRUMBED SARDINES WITH ORANGE

オイルサーディンとオレンジのパン粉焼き

材料（2人分）

オイルサーディン … 1缶
オレンジ … 1/2個
パン粉 … 大さじ1
にんにく … 1片
パセリ … 1枝
塩 … 少々
オリーブオイル … 適量

作り方

1. オレンジを5mm幅の薄切りにし、耐熱容器に並べる。その上にオイルサーディンを並べ、パン粉をふりかける。包丁の腹でつぶしたにんにくを加え、オリーブオイルを回しかける。

2. 200℃に予熱したオーブンで10分程焼く。オーブンから取り出し、刻んだパセリをちらし、塩で味を調える。

POINT
あっという間に作れるちょい飲みレシピ。オレンジとイワシは相性抜群です。

FRITTO

絶品フリット

材料 (2人分)

いか … 1杯
ブラックタイガー … 6尾
ズッキーニ … 1本
レモン … 1個
バジル(あれば) … 適量
A ┌ 小麦粉 … 200g
  │ 卵黄 … 1個分
  │ 牛乳、ビール … 各1/4カップ
  └ 塩 … ひとつまみ
塩 … 適量

作り方

1 ボウルにAを混ぜ合わせ、冷蔵庫で30分程おく。

2 いかを1cm幅の輪切りに、ズッキーニを短冊切りにする。えびは殻をむき背わたを取る。いか、ズッキーニ、えびに塩をふり、1をまぶす。

3 鍋に160℃の油(分量外)を熱し、2をカラッと揚げる。

4 皿に盛り、レモンをしぼる。バジルを飾る。

CLAM, WHITE BEAN AND SAFFRAN SOUP

あさりと白インゲン豆のサフラン煮込み

材料 (2人分)

あさり … 20個
白インゲン豆(水煮) … 1/2カップ
にんにく … 1片
湯 … 1/4カップ
サフラン … ひとつまみ
白ワイン … 1/2カップ
塩 … 少々
オリーブオイル … 大さじ1

作り方

1. 湯にサフランを15分程つけ、色を出しておく。
2. フライパンにオリーブオイルを熱し、包丁の腹でつぶしたにんにくを炒める。香りが立ったらあさり、白ワイン、白インゲン豆、1を入れ、加熱する。
3. あさりの口が開いたら塩で味を調え、皿に盛る。

POINT
サフランの色と香りが食欲をそそります。白ワインと一緒にどうぞ。

TOMATO NABE

小さなトマト鍋

材料 (2人分)

A
- あさり … 20個
- たらの切り身 … 4切れ
- 大正えび … 4尾
- トマトピューレ … 1カップ

春菊 … 1束
にんにく(みじん切り) … 1片分
オリーブオイル … 大さじ1

作り方

1. 鍋にオリーブオイルを熱し、にんにくを香りが立つまで炒める。
2. Aを入れて煮込み、あさりの口が開いたら5cm長さに切った春菊を加え、軽く火を通す。

POINT
〆にスパゲッティを乾麺のまま入れ、煮込んで作る『海鮮パスタ』は絶品です。

SARDINES WITH OLIVE TAPENADE

イワシのオリーブがけ

材料 (2人分)

イワシ缶 … 1缶

A
- ブラックオリーブ(種抜き) … 1/2カップ
- にんにく … 1片
- オリーブオイル … 1/4カップ
- 塩 … 少々

作り方

1. Aをフードプロセッサーにかけ、ペースト状にする。
2. 皿にイワシを盛り、1をかける。

POINT
ブラックオリーブのペーストは、バゲットやサラダにのせてもおいしいです。

AVOCADO CRACKERS

柚子こしょうアボカドクラッカー

材料 (2人分)

小えび … 24尾
アボカド … 1個
いくら … 大さじ2
柚子こしょう … 小さじ1
にんにく(すりおろし) … 小さじ1/2
クラッカー … 6枚
ディル … 適量

作り方

1 鍋に湯(分量外)を沸かし、小えびの殻を取ってさっとゆでる。常温に冷まし、冷蔵庫で冷やしておく。

2 一口大に切ったアボカド、柚子こしょう、にんにくをフードプロセッサーにかけ、ペースト状にする。

3 クラッカーに2をのせ、えび、いくら、ディルを盛る。

POINT
柚子こしょうとアボカドが、驚くほど合います。おもてなしにもおすすめ。

GRILLED SHRIMPS

えびのグリル

材料 (2人分)

大正えび … 8尾

塩 … 少々

レモン … 適量

作り方

1　えびの殻をむき、串に刺す。

2　トースターでえびを火が通るまで焼く。皿に盛り、塩をふる。レモンをしぼる。

POINT
とても手軽な即席つまみ。こだわりの塩を使うことで、最高のおつまみになります。

PART5
休日のぜいたく朝ごはん

時間がある休日の朝食は、ちょっとぜいたくに。
いつもより少しだけ手の込んだ、朝ごはんです。

BEEF AND PURPLE CABBAGE SANDWICH

紫キャベツのわんぱくサンド

材料 （2人分）

紫キャベツ … 1/4個

牛薄切り肉 … 200g

食パン … 2枚

レタス … 3枚

マヨネーズ … 大さじ1

ゆで卵 … 1個

A ┌ ワインビネガー … 大さじ1
　└ キャラウェイシード、はちみつ … 各小さじ1

塩、こしょう … 各少々

サラダ油 … 適量

作り方

1. 紫キャベツをせん切りにしてボウルに入れ、塩を加えてよくもむ。水けをきり、Aを混ぜ合わせ冷蔵庫で1時間程おく。
2. 牛肉に塩、こしょうをまぶす。フライパンに油を熱し、焼き色をつける。
3. パン1枚にレタスを敷き、マヨネーズをかける。さらに2等分したゆで卵、2、1をのせ、残りのパンではさむ。

POINT
紫キャベツは普通のキャベツに比べて固いので、柔らかくなるまでしっかり塩もみしてください。

EGGS BENEDICT WITH SHRIMPS

えびのエッグベネディクト

材料（2人分）

小えび … 8尾
イングリッシュマフィン … 1個
卵 … 3個
バター（溶かしたもの）… 40g
酢 … 大さじ3
ディル … 適量
塩、レモン汁 … 各少々

作り方

1. 卵1個分の卵黄を泡立て、60℃の湯（分量外）で湯煎しながら混ぜる。もったりとしたらバターを加え、塩、レモン汁で味を調える。

2. 鍋に湯（分量外）を沸かし、酢を入れる。残りの卵を1個ずつ小さい器に割り入れ、静かに湯に入れる。固まってきたら湯から引き上げ、氷水に入れ冷やす。小えびをさっとゆで、氷水で冷やす。

3. イングリッシュマフィンをトースターで焼き、その上に**2**の卵をのせ、**1**をかける。えび、ディルを飾る。

POINT
休日の朝にぴったりな、ちょっと優雅な朝食です。

TOWER SANDWICH

タワーサンドイッチ

材料 (2人分)

トマト … 1個
アボカド … 1/2個
紫玉ねぎ … 1/4個
ピクルス … 1個
卵 … 2個
マヨネーズ … 大さじ1
パン … 12枚
ハム … 6枚
ブラックタイガー … 8尾
レタス … 4枚
スライスチーズ … 2枚

作り方

1 トマト、アボカド、紫玉ねぎ、ピクルスを5mm幅の薄切りにする。

2 鍋に湯(分量外)を沸かし、卵を10分ゆでる。殻をむいてボウルに入れ、つぶしてマヨネーズと混ぜ合わせる。えびは殻をむき、さっとゆでる。

3 パンに半量のハムとレタス、卵とピクルス、アボカドとえび、紫玉ねぎとハムとレタス、トマトとチーズの組み合わせで順に重ね、上から串をさす。

POINT
迫力満点のタワーサンド。バランスを整えて、サンドイッチが倒れないように要注意です。

DUTCH BABY

ダッチベイビーの
カシュークリーム添え

材料 (2人分)

カシューナッツ(生) … 1カップ
豆乳 … 1/2カップ
はちみつ … 小さじ2

A ┃ 小麦粉 … 35g
　┃ 牛乳 … 1/4カップ
　┃ 卵 … 1個
　┃ 塩 … ひとつまみ
　┃ バター … 少々

お好みのベリー … 適量
粉砂糖 … 適量

作り方

1 カシューナッツを水(分量外)に一晩つけておく。
2 フードプロセッサーにカシューナッツ、豆乳、はちみつをかけ、ペースト状にする。固ければ豆乳を足して滑らかにする。
3 ボウルに**A**を混ぜ合わせ、スキレットに流し込む。180℃に予熱したオーブンで20分程焼く。
4 ベリー類をのせ、粉砂糖をかけ、**2**を添える。

POINT
P22のカシュークリームを甘くアレンジ。パンやスコーンにつけてもおいしいですよ。

RICOTTA AND APRICOT GALETTE

リコッタチーズと
アプリコットジャムのガレット

材料 (2人分)

そば粉 … 40g
リコッタチーズ … 大さじ2
アプリコットジャム … 適量
塩 … ひとつまみ
卵 … 1個
牛乳、水 … 各1/4カップ
レモン … お好みで
サラダ油 … 適量

作り方

1. そば粉と塩をふるってボウルに入れる。別のボウルに卵、牛乳、水を入れ混ぜる。そば粉に卵液を少しずつ加えながら混ぜる。よく混ぜ、生地を冷蔵庫で一晩おく。

2. フライパンに油を熱し、1の半量を流し入れる。フライパンを傾けて回しながら、全体に生地を薄く広げて焼く。生地に焼き色がついたら端を折り、正方形にして皿に移す。同じように残りの1も焼き、皿にのせる。

3. リコッタチーズ、アプリコットジャムをのせる。好みでレモンをしぼる。

POINT
ハムやチーズをのせれば、おかずガレットにもアレンジできます。

CUMIN AND HONEY PORK SANDWICH

クミンハニーポークの
クラブサンドイッチ

材料 (2人分)

食パン … 3枚
にんじん … 1本
豚ロース肉 … 2枚
レタス … 3枚
トマト … 1個
ピクルス、クミンパウダー … 適量

A
- 塩 … 少々
- クミンシード … 小さじ2
- オレンジマーマレード … 小さじ1
- ワインビネガー … 大さじ1

B
- 粒マスタード … 小さじ2
- はちみつ … 小さじ1
- にんにく(すりおろし) … 小さじ1/2
- 塩 … 少々

クリームチーズ … 大さじ1
オリーブオイル … 適量

作り方

1 にんじんをせん切りにする。ボウルににんじん、Aを入れ混ぜ合わせ、冷蔵庫で1時間程おく。

2 豚肉にBを塗りこみ、クミンパウダーをまぶす。フライパンにオリーブオイルを熱し、豚肉に火が通るまで焼く。

3 トマトを1cm幅の薄切りに、ピクルスを一口大に切る。トースターでパンを焼き、1枚にクリームチーズをぬり、レタスと1をのせる。さらにパンを重ね、ピクルスと2とトマトをのせ、一番上にパンをのせる。

POINT
1のオレンジマーマレード入りのにんじんラペは、常備菜としても大活躍してくれます。

HOT YOGURT

やさしいホットヨーグルト

材料（2人分）

ヨーグルト … 1カップ
卵 … 2個
唐辛子 … 1本
バジル … 10枚
塩、酢 … 各少々
オリーブオイル … 1/4カップ

作り方

1. オーブンを180℃に予熱して切る。ヨーグルトを耐熱容器に入れ、オーブンの余熱で温める。
2. 鍋に湯（分量外）を沸かし、酢を入れる。卵をカップに1個ずつ割り入れ、静かに湯に入れる。全体が固まってきたら引き上げる。唐辛子を刻み、別容器に入れ、オリーブオイルに漬けておく。
3. **1**をオーブンから取り出し、**2**の卵を入れ、塩で味を調える。唐辛子を入れたオリーブオイルをかけ、バジルを飾る。

POINT
寒い冬の朝に食べたい、温かいヨーグルトです。

VANILLA FRENCH TOAST

バニラのフレンチトースト

材料 （2人分）

お好みのパン … 2枚
いちご … 6個
ブルーベリー … 50g
卵黄 … 1個分
牛乳 … 1/2カップ
バニラエッセンス … 2滴
メープルシロップ … 適量
オリーブオイル … 適量

作り方

1 ボウルに卵黄、牛乳を入れ、混ぜる。バニラエッセンスを加える。

2 パンを1につける。フライパンにオリーブオイルを熱し、パンを焼き色がつくまで焼く。

3 皿に盛り、3mmの薄切りにしたいちご、ブルーベリーをのせ、メープルシロップをかける。

POINT
つけ液に砂糖を入れると焦げやすいので入れず、たっぷりのメープルシロップをかけていただきます。

BLUEBERRY AND YOGURT PANCAKE

ヨーグルトブルーベリーパンケーキ

材料 (2人分)

ブルーベリー … 100g

薄力粉 … 100g

ベーキングパウダー … 4g

砂糖 … 20g

卵 … 1個

ヨーグルト … 大さじ5

牛乳 … 1/3カップ

サワークリーム … 大さじ1

メープルシロップ … 適量

バター … 適量

作り方

1. ボウルに薄力粉、ベーキングパウダー、砂糖をふるい、混ぜ合わせる。卵、ヨーグルト、牛乳を加え、ざっくりと混ぜる。

2. フライパンにバターを熱し、**1**を丸く焼く。焼きあがったら皿にのせ、サワークリーム、ブルーベリーを盛る。メープルシロップをかける。

POINT
サワークリームは冷蔵庫に常備するほどの好物。パンケーキにサワークリーム、ぜひ挑戦してみてください。

OPEN SARDINE SANDWICH

オイルサーディンのオープンサンド

材料 （2人分）

カンパーニュやライ麦パン … 2枚
紫玉ねぎ … 1/6個
オイルサーディン … 6尾
クリームチーズ、ケイパー … 各適量
塩、こしょう、レモン汁 … 各少々

作り方

1 トースターでパンに焼き色がつくまで焼く。

2 1にクリームチーズを塗り、オイルサーディンをのせる。紫玉ねぎ、ケイパーを飾り、塩、こしょう、レモン汁で味を調える。

POINT
クリームチーズは、オイルサーディンやスモークサーモンなど、魚介と相性抜群です。

WAFFLE

サクッと軽いワッフル

材料 (2人分)

卵 … 2個
グラニュー糖 … 大さじ1
牛乳 … 1/2カップ
薄力粉 … 100g
粉砂糖 … 少々
お好みのフルーツ、
　メープルシロップ … 各適量
バター(無塩・溶かしたもの)
　… 50g

作り方

1. 卵は卵白と卵黄にわける。ボウルに卵白、グラニュー糖を入れ、ハンドミキサーで固めのメレンゲを作る。
2. 別のボウルに卵黄を入れ、バターを加えながら混ぜ、牛乳、薄力粉を加える。最後に1を入れ、さっくり混ぜる。温めたワッフルメーカーに流し込み、焼く。
3. 皿にのせ、粉砂糖をふる。一口大に切ったフルーツを飾り、メープルシロップをかける。

POINT
メレンゲを入れると、軽い食感のワッフルになります。

OPEN SALMON AND CREAM CHEESE SANDWICH

スモークサーモンとクリームチーズの
オープンサンド

材料 (2人分)

カンパーニュやライ麦パン … 2枚

スモークサーモン … 6切れ

紫玉ねぎ … 1/4個

クリームチーズ、ケイパー … 各適量

塩、こしょう、レモン汁 … 各少々

作り方

1　トースターでパンを焼き色がつくまで焼く。紫玉ねぎは3mm幅の薄切りにする。

2　パンにクリームチーズを塗る。紫玉ねぎ、スモークサーモン、ケイパーをのせ、塩、こしょう、レモン汁で味を調える。

POINT
お休みの日のブランチに。ワインにもよく合います。

GRANOLA

手作りグラノーラ

材料(2人分)

オートミール … 200g

お好みのナッツ … 80g

レーズン … 60g

牛乳、お好みのフルーツ … 各適量

A ┌ メープルシロップ … 大さじ3
  │ くるみオイル … 大さじ2
  │ シナモン … 小さじ1
  │ 塩 … ひとつまみ
  └ バニラエッセンス … 少々

作り方

1 オートミール、ナッツを天板に敷き、160℃に予熱したオーブンで20分程焼く。焼きあがったら合わせた**A**をからめる。

2 **1**を再度天板に敷き20分程焼く。焼き上がり5分前にレーズンを加える。カラッとしたら火を止め、常温になるまで冷ます。

3 深めの皿に**2**、牛乳、一口大に切ったフルーツを入れる。

OPEN AVOCADO SANDWICH

アボカドオープンサンド

材料 (2人分)

カンパーニュやライ麦パン … 2枚

アボカド … 1個

フェタチーズ(カッテージチーズでも可)
　… 大さじ2

はちみつ … 小さじ2

塩、粗挽き黒こしょう … 各少々

レモン汁 … 適量

作り方

1　トースターでパンを焼き色がつくまで焼く。アボカドは皮のついた状態で種に向かって輪切りするように切り込みを入れ、種から外してから皮をむく。

2　パンにフェタチーズ、アボカドをのせ、はちみつ、塩、粗挽き黒こしょう、レモン汁で味を調える。

POINT
アボカドの切り方を輪切りにしてみると、いつもと違って新鮮になります。

[COLUMN]

使い続けたい食材

リピート買いしていて、手放せない食材たち。
料理に欠かせない、おすすめのものです。

マルドン スモーク シーソルト
ロンドンに行った際、知人に教えてもらったイギリスの塩。味もさることながら、フレーク状の結晶になっていてルックスが抜群なのです。／鈴商

有機栽培EX.V. オリーブオイル「バランカ」
数あるオリーブオイルの中で、最もお気に入り。さらりとした味わいで、サラダや炒め物に重宝します。／ベリタリア

ベジプールの野菜
千葉に畑を持ち、野菜の栽培から荷造りまで行っている産地直送店。定番野菜のほか、見たこともない野菜も作っています。写真は「世界のカラフルトマトたち〜隠れハバネロ入り〜」。／VEGI POOL

常備のスパイス
料理にスパイスを使うことが多いので、常に手元に置いておきたいもの。特に一番使用頻度が高いクミンは、にんじんラペ、フムスに欠かせません。／著者私物

Epilogue

Instagramを本格的にはじめて2年。

趣味としてはじめた料理写真の投稿ですが、いつしかスタイリングにもこだわるようになり、料理撮影の講座に講師として呼んでもらうことも増えました。

かっこいい写真が撮れたとき、見た目以上においしく作れたとき、食べた人の喜ぶ顔が見られたとき。料理をすることで、私は新しい喜びに出会えます。

ここで紹介した料理があなたの食卓を少しでも楽しくできたならうれしいです。

SHOP LIST

ARIGATO GIVING ☎03-3495-5805
ALESSI SHOP 青山 ☎03-5770-3500
エイアンドエフ ☎03-3209-7579
M.SAITo Wood WoRKS ☎090-4697-4919
ザッカワークス ☎03-3295-8787
スキャンデックス ☎03-3543-3453
鈴商 ☎03-3225-1161
センプレ青山 ☎03-5464-5655
W ✉atelier@winc.asia
チェリーテラス ☎0120-425668
VEGI POOL ☎047-470-0125
ベリタリア ☎084-931-3510

STAFF

デザイン 菅谷真理子、髙橋朱里（マルサンカク）
校正 玄冬書林
編集 安田 遥（ワニブックス）

---

pepe's kitchen
しあわせな食卓には、おいしいごはんがある！

2016年12月23日 初版発行

著 者 pepe

発行者 横内正昭
編集人 青柳有紀

発行所 株式会社ワニブックス
　　　　〒150-8482
　　　　東京都渋谷区恵比寿4-4-9　えびす大黒ビル
　　　　電話　03-5449-2711（代表）
　　　　　　　03-5449-2716（編集部）
　　　　ワニブックスHP　http://www.wani.co.jp/
　　　　WANI BOOKOUT　http://www.wanibookout.com/

印刷所　凸版印刷株式会社
製本所　ナショナル製本

定価は表紙に表示してあります。
落丁本・乱丁本は小社管理部宛にお送りください。送料は小社負担にてお取替えいたします。ただし、古書店等で購入したものに関してはお取替えできません。本書の一部、または全部を無断で複写・複製・転載・公衆送信することは法律で認められた範囲を除いて禁じられています。

©pepe2016
ISBN 978-4-8470-9529-0